上海市住房和城乡建设管理委员会文件

沪建标定〔2021〕540 号

上海市住房和城乡建设管理委员会
关于批准《建筑工程交通设计及停车库(场)设置标准》为上海市工程建设规范的通知

各有关单位：

由上海市道路运输管理局和上海市公安局交通警察总队主编的《建筑工程交通设计及停车库(场)设置标准》，经我委审核，现批准为上海市工程建设规范，统一编号为 DG/TJ 08—7—2021，自 2022 年 1 月 1 日起实施。原《建筑工程交通设计及停车库(场)设置标准》(DG/TJ 08—7—2014)同时废止。

本规范由上海市住房和城乡建设管理委员会负责管理，上海市道路运输管理局负责解释。

特此通知。

上海市住房和城乡建设管理委员会

二〇二一年八月二十五日

前　言

本标准是根据上海市住房和城乡建设管理委员会《关于印发〈2020 年上海市工程建设规范编制计划（第二批）〉的通知》（沪建标定〔2020〕574 号）的要求，由上海市道路运输管理局、上海市公安局交通警察总队任主编单位，会同有关单位，在 2014 年颁布实施的《建筑工程交通设计及停车库（场）设置标准》DG/TJ 08—7—2014（以下简称 2014 版标准）的基础上修编而成。

近年来，随着上海市社会经济的快速发展，汽车保有量和使用量的增速超过道路设施和停车设施供应量，城市道路交通拥堵及停车供需矛盾日益凸显。为从根本上有效保障新建、改扩建建筑的合理停车供应，进一步贯彻落实差别化的停车供给策略，构建与道路容量相协调、规模适宜、布局完善和结构合理的停车设施系统，根据《上海市城市总体规划（2017—2035 年）》的总体要求，在对 2014 版标准发布以来的实施情况进行全面评估总结的基础上，立足本市综合交通和停车发展实际，并充分衔接协调国家上位标准和本市相关标准，以及借鉴吸收国内外最新研究成果和实践经验，在对 2014 版标准进行全面、系统修编后形成了本标准。

本标准共 5 章，主要内容包括：总则；术语；基本规定；建筑工程交通设计；建筑工程配置停车位指标；附录 A；附录 B。

本次修编的主要内容有：梳理整合各章节内容，修改完善相关术语；调整总平面设计和出入口设置标准等交通设计相关内容；调整建筑工程配建停车位指标的区域划分标准、补充细分建筑类别；调整医院、住宅、游览场所和教育类设施等不同类型建筑的配建停车位指标，新增工业、仓储建筑等配建停车位指标等。

各单位及相关人员在执行本标准过程中，如有意见和建议，请反馈至上海市交通委员会（地址：上海市世博村路 300 号 1 号楼；邮编：200125；E—mail：shjtbiaozhun@126.com），上海市道路运输管理局（地址：上海市中山南路 1155 号；邮编：200011；E-mail：shjttc@163.com），或上海市建筑建材业市场管理总站（地址：上海市小木桥路 683 号；邮编：200032；E-mail：shgcbz@163.com），以供今后修订时参考。

主 编 单 位：上海市道路运输管理局

上海市公安局交通警察总队

参 编 单 位：上海市交通发展研究中心

上海市城市规划设计研究院

同济大学

上海城市交通设计院有限公司

上海市城乡建设和交通发展研究院

上海交通规划设计研究院有限公司

上海市道路运输事业发展中心

主 要 起 草 人：李　彬　朱华勇　肖　滨　梁华军　程润磊

何洪波　郎益顺　苏红娟　周小鹏　徐海滨

陈　祥　王　伟　李炜妍　陶晟陶　白　玉

陆　磊　施文俊　陈　辰　陆　军　张　宇

董　辉　赵嘉青　李恺翌　陈小敏　刘媛媛

李　喆　李隽敏　杨　顺　黄　臻

主 要 审 查 人：韩　印　董明峰　李朝阳　冯伟明　胡志晖

薛　昆　韩胜风

上海市建筑建材业市场管理总站

目　次

Contents

1 总 则

1.0.1 为引导城市交通发展，保障道路交通安全，改善城市交通环境，使本市建筑工程和停车库（场）的规划、设计与建设符合城市交通组织需要和管理要求，制定本标准。

1.0.2 本标准适用于建筑工程以及停放标准车型的停车库（场）的新建、扩建工程，改建工程经交通影响评价可适度放宽标准。

1.0.3 因历史风貌保护、旧住房更新需要，有关交通配套无法达到标准和规范的建筑工程，应按照环境改善和整体功能提升的原则开展交通影响评价，综合考虑交通需求、建设条件以及所处区域的道路交通、公共交通服务水平等因素，优化完善交通设计，合理确定配建机动车停车位和非机动车停车位的设置规模。

1.0.4 建筑工程交通设计和停车库（场）的设置应结合相关城市规划、专项规划的要求以及交通影响评价结论实施。

1.0.5 建筑工程交通设计和停车库（场）的设置，除符合本标准外，尚应符合国家、行业和本市现行有关标准的规定。

2 术 语

2.0.1 公共通道 public road

无规划道路红线控制、主要满足沿线地块公共通行的道路，包括总弄、街坊路。

2.0.2 基地通道 site passage way

基地内和停车库(场)内供行人和车辆行驶的道路。

2.0.3 基地主要通道 site main way

基地内用于机动车行车组织的主要道路。

2.0.4 基地次要通道 site secondary way

基地内用于机动车行车组织的次要道路。

2.0.5 基地慢行通道 site non-motorized way

基地内用于步行和非机动车通行的道路，包括绿道、跑步道和骑行道等。

2.0.6 接入道 access way

连接基地内部通道与市政道路(含公共通道)之间的通道。

2.0.7 停车场 parking lot

停放机动车和非机动车的露天场地。

2.0.8 停车库 parking garage

停放机动车和非机动车的建(构)筑物或设施设备，包括封闭、敞开的单层、多层、地上及地下停车场所。

2.0.9 停车位 parking stall

停车库(场)中为停放车辆而划分的停车空间或机械式停车设备中停放车辆的独立单元，由车辆本身的尺寸加四周所需的距离组成。

上海市工程建设规范

建筑工程交通设计及停车库(场)设置标准

Standards for design of traffic and setting up parking garages (lots)
in architectural engineering

DG/TJ 08—7—2021
J 10716—2021

主编单位:上海市道路运输管理局
上海市公安局交通警察总队
批准部门:上海市住房和城乡建设管理委员会
施行日期:2022 年 1 月 1 日

同济大学出版社

2021 上海

图书在版编目(CIP)数据

建筑工程交通设计及停车库(场)设置标准 / 上海市道路运输管理局，上海市公安局交通警察总队主编. —上海：同济大学出版社，2021.11

ISBN 978-7-5608-8408-0

Ⅰ. ①建… Ⅱ. ①上… ②上… Ⅲ. ①交通工程－工程设计－地方标准－上海 ②车库－建筑设计－地方标准－上海 Ⅳ. ①U491-65 ②TU248.3-65

中国版本图书馆 CIP 数据核字(2021)第 230717 号

建筑工程交通设计及停车库(场)设置标准

上海市道路运输管理局
上海市公安局交通警察总队 **主编**

策划编辑　张平官
责任编辑　朱　勇
责任校对　徐春莲
封面设计　陈益平

出版发行　同济大学出版社　www.tongjipress.com.cn
（地址：上海市四平路 1239 号　邮编：200092　电话：021－65985622）
经　　销　全国各地新华书店
印　　刷　浦江求真印务有限公司
开　　本　889mm×1194mm　1/32
印　　张　2.125
字　　数　57 000
版　　次　2021 年 11 月第 1 版
印　　次　2022 年 11 月第 2 次印刷
书　　号　ISBN 978-7-5608-8408-0
定　　价　25.00 元

2.0.10 停车当量 equivalent parking unit

用于协调不同车型，便于统计与计算停车数量、停车位大小等数据而设定的标准参考车型单元。

2.0.11 机械式停车设备 mechanical parking facilities

采用机械方法存取、停放机动车的机械装置或设备系统。

2.0.12 子母停车位 combined parking space

由前后两个停车位组成，前方停车位的车辆驶出后，后方停车位的车辆才能驶出的停车位形式称为子母停车位。前方停车位称为母停车位，后方停车位称为子停车位。

3 基本规定

3.0.1 建筑工程配建的停车库(场)原则上应在所属地块红线范围内设置。

3.0.2 建筑工程配建的停车库(场)的设计,应使建筑基地出入口、主体建筑主要人流出入口、停车库(场)出入口和基地通道之间有合理通畅的交通关系。

3.0.3 建筑工程交通设计,应符合本标准第4章的有关规定和现行国家标准《道路交通标志和标线》GB 5768、现行上海市地方标准《停车场(库)标志设置规范》DB 31/T 485 的规定。

3.0.4 停车库(场)设计采用的标准车型应符合表3.0.4的规定。

表 3.0.4 停车库(场)设计车型外廓尺寸

车辆类型			设计车型外廓尺寸(m)		
			总长	总宽	总高
机动车	微型车		3.80	1.60	1.80
	小型车		4.80	1.80	2.00
	轻型车		7.00	2.25	2.75
	中型车	客车	9.00	2.50	3.20
		货车	9.00	2.50	4.00
	大型车	客车	12.00	2.50	3.50
		货车	11.50	2.50	4.00
非机动车	自行车		1.90	0.60	1.20

注:1 专用机动车库可按所停放的机动车外廓尺寸进行设计。

2 二轮摩托车和助动车的宽度按照2倍自行车尺寸计算。

3 三轮车的宽度按2.5倍自行车尺寸计算。

3.0.5 基地内车速不宜大于 10 km/h，道路应采用工程措施限制车速，并设置限速标志。

3.0.6 停车库(场)场地应平整、坚实、防滑，并应满足排水要求。室内停车库场地坡度应为 0.2%～0.5%，室外停车场场地坡度应为 0.3%～3.0%。

3.0.7 建筑工程和停车库(场)的交通影响评价，应按照国家和本市现行有关建设项目交通影响评价的管理规定和技术标准实施。

4　建筑工程交通设计

4.1　基地总平面布局

4.1.1　总建筑面积大于10 000 m^2的公共建筑、总建筑面积大于20 000 m^2的住宅建筑以及各类综合体建筑，其总平面宜在基地内设置车辆环通道路或回转场地，住宅建设应结合消防通道的设置满足车辆环通的需求，并符合机动车流与上下客及停车库(场)之间交通组织的要求。工业建筑总平面设计应符合现行国家标准《工业企业总平面设计规范》GB 50187等相关要求。小型车回转场地的转弯半径(内径)不应小于3.0 m，大型车回转场地的转弯半径(内径)不应小于10.0 m。

4.1.2　基地内部通道应根据功能确定设计等级和宽度，并应符合下列规定：

1　住宅建筑基地内部的主要通道宽度不宜小于6.5 m；双向行驶的次要通道宽度不应小于5.5 m，单向行驶的次要通道宽度不应小于4.0 m。

2　公共建筑基地内部的主要通道宜设置双车道，供小型车通行的主要通道宽度不宜小于6.5 m，次要通道宽度不应小于5.5 m；供大型车通行的通道宽度不应小于6.5 m。次要通道可采用单车道，宽度不应小于4.0 m，但在人流上下客处应设双车道，其长度不宜小于20.0 m。工业建筑应结合建筑方案开展交通组织设计。

4.1.3　临时上下客停车位的设置应符合下列规定：

1　公共建筑应在基地内部人流主出入口处设置临时上下客

停车位，并不应占用市政道路用地。

2 住宅建筑宜在基地人流主出入口处设置车辆临时上下客停车位。

3 中小学校及幼儿园应设置接送学生的临时车辆等候区。有条件的学校可利用地下空间建设机动车停车设施，设置临时接送停车位和学生等候空间，并同步开展交通组织设计。

4 二级及以上综合医院和专科医院，应在基地内部设置车辆临时上下客区域；三级甲等综合医院除在基地内部设置车辆临时上下客区域外，宜结合主出入口建筑退界空间增设一根车行道。

4.1.4 出租汽车停车位设置应符合现行上海市工程建设规范《出租汽车站点设置规范》DG/TJ 08—2108 的要求，并可兼作基地临时上下客停车位。

4.1.5 宾馆、酒店、体育场馆、影（剧）院、展览馆、博物馆、会议中心、游览场所以及其他有明显大型客车停放需求的公共建筑，应按照本标准第 5.1.3 条的相关规定，在基地内规范设置大型客车停车位。

4.1.6 建筑工程配建无障碍停车位数量应根据建筑类型及使用性质核定停车位数量，并以停车当量为计算基准。

4.1.7 宾馆、酒店、娱乐场所、商业以及其他有明显货物装卸需求的公共建筑，宜在基地内部道路上设置货物入口，并应按照本标准第 4.4.9 条、第 5.1.5 条的相关规定规范设置货车装卸停车位。

4.1.8 加油站应在基地内部设置不少于 2 根的排队车道，每根车道长度应大于 18.0 m。

4.1.9 宾馆、酒店、娱乐场所、办公、商业、医院等公共建筑的主要人行出入口前宜设置集散广场。学校应结合其人行主出入口，在基地红线内设置空间合理的人行接送广场和非机动车临时停放区域。

4.1.10 停车库(场)内的机动车与非机动车停车区应分开设置,出入口净距不应小于5.0 m。在同一平面的车库内同时设置的,应采取物理隔离措施,且二者之间应有良好的行车视距。

4.1.11 建筑总平面及交通设计,应明确机动车、非机动车和行人的交通组织,保障交通流线顺畅,减少交织,避免人车冲突;设计图纸应标明各种交通组织流线,标注宽度、半径和净空等相关几何尺寸,标示比例尺及基本经济技术指标,列出停车位类型、数量及位置。基地外部应标明基地相邻道路等级、红线宽度和公交站点位置;邻近桥梁的,还应标明桥梁坡度、起坡点位置及至出入口间距。总平面交通设计图宜符合本标准附录A的相关要求。

4.2 基地出入口

4.2.1 基地机动车出入口设置应充分考虑所接入道路的等级,优先选择设置在较低等级的道路上。基地位于主干路与次干路、支路相交的位置旁的,机动车出入口不应设置在主干路上;基地位于次干路和支路相交的位置旁的,机动车主出入口不宜设置在次干路上。

4.2.2 基地位于T型交叉口处,对向道路小于双向4车道的,机动车出入口可正对对向道路设置,避免错位,并纳入交叉口渠化设计及信号控制;大于等于双向4车道的,机动车出入口不宜设置在交叉口范围内。

4.2.3 控制性详细规划在基地外部同一街坊设置有机动车公共通道的,机动车出入口应优先考虑结合公共通道设置。通行机动车的公共通道与主干路相接的,应专题论证。

4.2.4 基地机动车出入口设置应避免影响道路交叉口的正常运行,不应在交叉口进出口道展宽段和展宽渐变段范围内设置机动车出入口(图4.2.4),并应符合下列规定:

1 确需在主干路上设置出入口的,出入口距上游交叉口不应小于 50.0 m,距下游交叉口不应小于 80.0 m;条件不允许的,基地出入口设置在基地最远端。

2 在次干路上设置出入口的,出入口距上游交叉口不应小于 30.0 m,距下游交叉口不应小于 50.0 m;条件不允许的,基地出入口设置在基地最远端。

3 在支路上设置出入口的,出入口距与主干路相交的交叉口不应小于 50.0 m,距与次干路相交的交叉口不应小于 30.0 m,距与支路相交的交叉口不应小于 20.0 m;条件不允许的,基地出入口设置在基地最远端。

4 在已建成道路上设置机动车出入口的,出入口不宜设置在交叉口最大排队长度范围内。

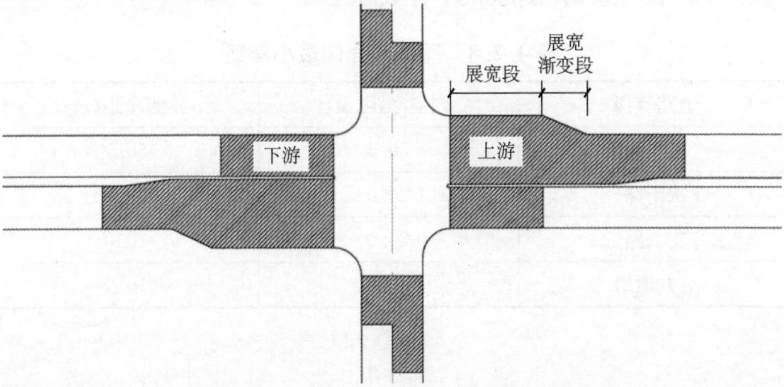

图 4.2.4 交叉口上游和下游区域示意

4.2.5 在主干路和次干路上设置机动车出入口的,与交叉口的距离区分上下游差异。若道路属规划新建道路无转角缘石的,主干路红线向道路中心线方向平移 5.0 m,次干路和支路红线向道路中心线方向平移 3.0 m,作为参照路缘石。

4.2.6 基地机动车出入口距地铁出入口、人行横道线、人行过街天桥和人行地道不宜小于 20.0 m;距铁路道口不宜小于 50.0 m;当桥梁、隧道坡度大于等于 2%时,距桥梁、隧道起坡点等不宜小于50.0 m；当坡度大于1%且小于2%时，在桥梁、隧道坡度范围内不宜设置出入口。距公交车站站台边缘不宜小于15.0 m，条件不允许时，可与公交车站做一体化设计。设置有超高的道路上，不应设置机动车出入口。基地机动车出入口有坡度且坡度大于等于2%时，起坡点距离道路红线不宜小于8.0 m。

4.2.7 各类建筑宜单独设置行人出入口，且宜靠近地铁出入口、公交车站站台、人行横道线等设施布置。非机动车不宜单独设置出入口。

4.2.8 无中央隔离带(栏)道路上同侧和异侧机动车出入口之间的最小净距宜满足表4.2.8的要求，有关同侧和异侧净距示意见图4.2.8。有中央隔离带(栏)道路同侧净距与无中央隔离带(栏)的要求一致，异侧净距不作要求。

表4.2.8 同侧和异侧最小净距

道路等级	同侧净距(m)	异侧净距(m)
主干路	50.0	60.0
次干路	30.0	40.0
支　路	20.0	20.0
公共通道	10.0	10.0

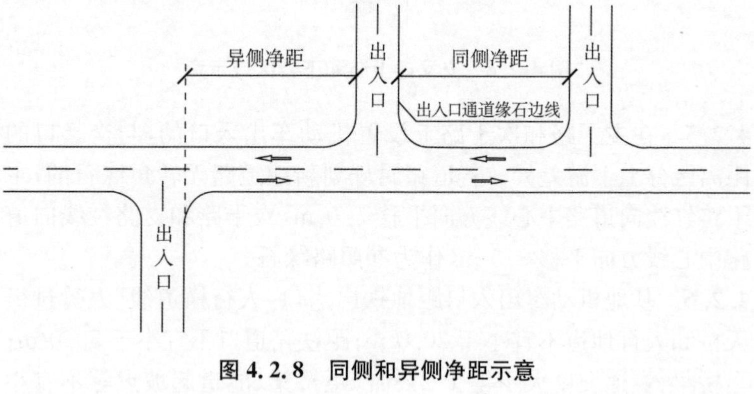

图4.2.8 同侧和异侧净距示意

4.2.9 在道路上设置的机动车双向行驶出入口车行道宽度宜为7.0 m～11.0 m，出入口中间设置隔离设施的，宽度可增加至8.0 m～12.0 m。单向行驶出入口车行道宽度宜为5.0 m～7.0 m。有大型车辆进出的出入口中间不宜设置隔离设施。有机非隔离带的道路，机非隔离带开口宽度宜增加5.0 m～8.0 m。工业建筑根据实际通行的车辆类型确定所需要的出入口宽度。对于大型物流仓储建筑，货车出入口宽度宜为12.0 m～16.0 m。

4.2.10 机动车出入口路缘石的转弯半径(内径)宜大于5.0 m，供大型车辆进出的出入口路缘石转弯半径(内径)宜大于7.0 m。

4.2.11 机动车出入口接入道长度不宜小于12.0 m，采用信号控制的出入口接入道长度不宜小于20.0 m。采取封闭式管理的出入口，道闸与路缘石之间的行驶距离不宜小于6.0 m，交通流量较大的入口应设置单独的排队车道或结合道路设置单独的排队车道。工业建筑出入口设置道闸管理的，道闸与路缘石之间的行驶距离不宜小于20.0 m。见图4.2.11。

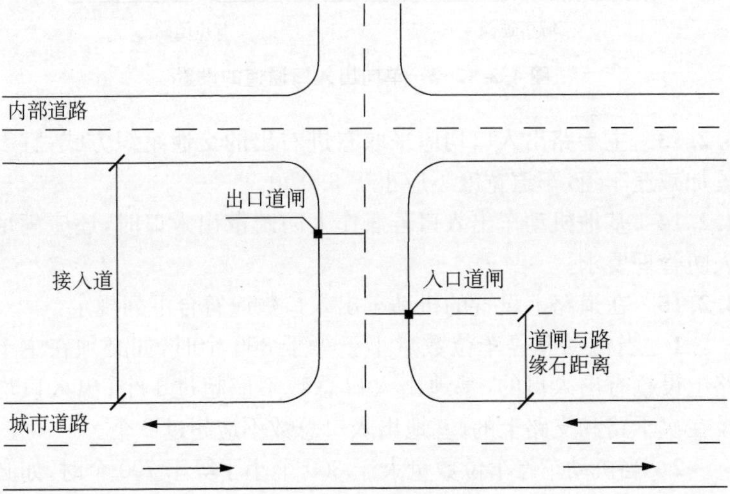

图 4.2.11 接入道示意

4.2.12 基地双向出入通道与道路相交的角度应为75°～90°，具有良好的通视条件，并在距入口边线内2.0 m处作为视点的120°范围内至边线外7.5 m不应有遮挡视线的障碍物，见图4.2.12-1。进出分开的单向出入口通道设置应避免车辆行驶路线出现小于90°的折角，见图4.2.12-2。

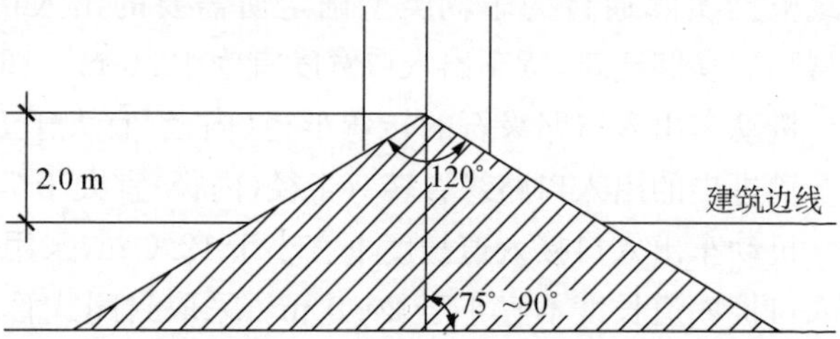

图 4.2.12-1 基地出入口的视距

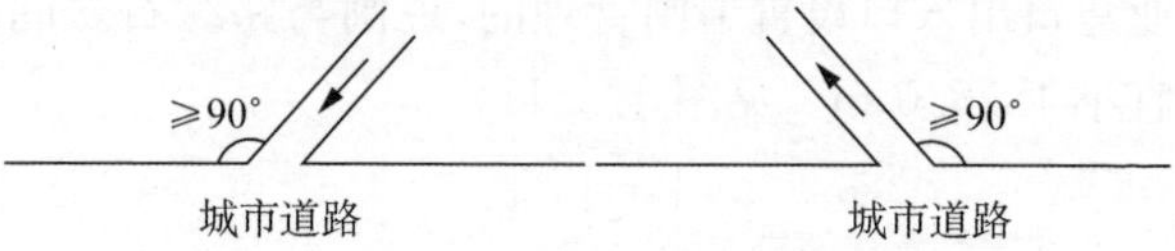

图 4.2.12-2 单向出入口通道的设置

4.2.13 主干路出入口均应采取右进右出的交通组织方式，宜设置加减速车道，车道宽度不应小于3.0 m。

4.2.14 基地机动车出入口若兼作人防疏散出入口时，还应满足人防管理要求。

4.2.15 在道路上设置的机动车出入口数应符合下列规定：

1 当机动车停车位数量小于等于300个时，如必须在主干路上设置有出入口的，基地出入口总数不应超过1个；出入口均设在次干路和支路上的，基地出入口总数不应超过2个。

2 当机动车停车位数量大于300个小于等于700个时，如必须在主干路上设置有出入口的，基地出入口总数不应超过2个；出入口均设在次干路和支路上的，基地出入口总数不应超过3个。

3　当机动车停车位数量大于700个，且基地位于主干路与次干路或与支路相交的道路时，主干路上不应设置车辆出入口，且出入口总数不应超过3个，并应分别布置在主干路以外的不同道路上。主干路上必须设置出入口的，出入口总数不应超过2个。

4　基地跨越道路的，可以道路为界，分块计算出入口数量。

5　相邻两块基地在用地分界线两侧分别设置出入口的，2个出入口宜合并为1个。

4.2.16　中、小学和幼儿园等教育类建筑的机动车出入口与人行出入口宜分开设置，机动车出入口宜开设在支路或公共通道上。利用地下空间设置机动车停车位和临时接送停车位的，宜单独设置机动车出入口。

4.2.17　医院建筑在设置机动车出入口时，宜为外来就医车辆预留停车预约专用或优先进出通道。

4.3　机动车停车库(场)出入口

4.3.1　按出入方式，机动车停车库出入口可分为平入式、坡道式和升降梯式三种类型。

4.3.2　停车库(场)出口、入口分离设置时，若出入口设于机动车单向行驶道路，应沿行车方向先设置入口、后设置出口；若出入口设于双向行驶道路，应避免进、出车流交叉，以车辆右转进出停车库(场)为基本原则；若出入口须设于交叉口范围内，出口宜设于交叉口出口道。

4.3.3　机动车停车库(场)出入口应结合基地通道设置，最小间距不应小于5.0 m，并应符合内部交通组织需要，同时不宜在道路上另外单独设置出入口。确需直接面向道路设置的，应符合本标准第4.3.4条的规定。

4.3.4　机动车停车库出入口的起坡点面向道路的，出入口起坡点与道路红线的距离不应小于 8.0 m；车库出入口起坡点平行道路或与道路斜交的，其缘石切点与道路红线的距离不应小于 5.0 m；车库出入口起坡点至基地主要通道和地库通道的安全距离不应小于 5.5 m。

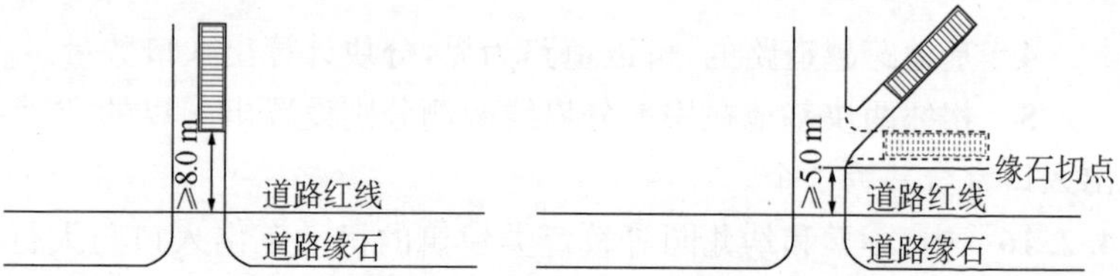

图 4.3.4　机动车停车库出入口与道路红线关系

4.3.5　机动车停车库的出入口和车道数量应符合表 4.3.5 的规定，且当停车位数量大于等于 1 000 个时，应专题分析出入口通行能力，合理确定地下车库出入口数量。区域相邻地块地下车库连通并统筹考虑地下车库出入口设置数量的，可按连通的地下车库总规模确定出入口和车道数量，并专题分析出入口通行能力。

表 4.3.5　机动车停车库出入口和车道数量

停车位数量（个）	停车库出入口数量（个）	停车库出入口车道数量（根）
$n<25$	≥1	≥1
$25\leqslant n<100$	≥1	≥2
$100\leqslant n<300$	≥2	≥2
$300\leqslant n<1\,000$	≥2	≥4
$n\geqslant 1\,000$	≥3	≥6

注：1　当停车位数量小于 25 个的机动车停车库仅设置 1 个单车道出入口时，应完善交通信号和安全设施，坡道出入口外应设置不少于 2 个等候停车位。

2　对于大于等于 1 000 个停车位的特大型机动车停车库，1 个双车道的出入口或 2 个单车道的出入口最大可服务停车位数量宜按 500 个控制。

4.3.6　平入式出入口应符合下列规定：

1　平入式出入口室内外地坪高差不应小于 150 mm，且不宜大于 300 mm。

2 出入口室外坡道起坡点与相连的室外车行道路的最小距离不宜小于 5.0 m。

4.3.7 坡道式出入口应符合下列规定：

1 出入口可采用直线坡道、曲线坡道、直线与曲线组合坡道，其中直线坡道可选用内直坡道式、外直坡道式。

2 出入口可采用单车道或双车道，坡道最小净宽应符合表 4.3.7-1 的规定。

表 4.3.7-1 坡道最小净宽

形式	最小净宽(m)	
	微型、小型车	轻型、中型、大型车
直线单行	4.0	
直线双行	7.0	
曲线单行	5.0	
曲线双行	7.5	10.0

注：此宽度不包括道牙及其他分隔带宽度。当曲线比较缓时，微型、小型车转弯半径(内径)≥15 m，轻型、中型、大型车转弯半径(内径)≥20 m，坡道可按直线宽度进行设计。

3 坡道的最大纵向坡度应符合表 4.3.7-2 的规定。

表 4.3.7-2 坡道的最大纵向坡度

车辆类型	直线纵坡(%)	曲线纵坡(%)
微型、小型车	15.0	12.0
轻型车	13.3	10.0
中型车	12.0	10.0
大型车	10.0	8.0

4 当坡道纵向坡度大于 10%时，坡道上、下端均应设缓坡坡段，其直线缓坡段的水平长度不应小于 3.6 m，缓坡坡度应为坡道坡度的 1/2；曲线缓坡段的水平长度不应小于 2.4 m，曲率半径不

应小于 20.0 m，缓坡段的中心为坡道原起点或止点，见图 4.3.7；大型车的坡道应根据具体车型确定缓坡的坡度和长度。

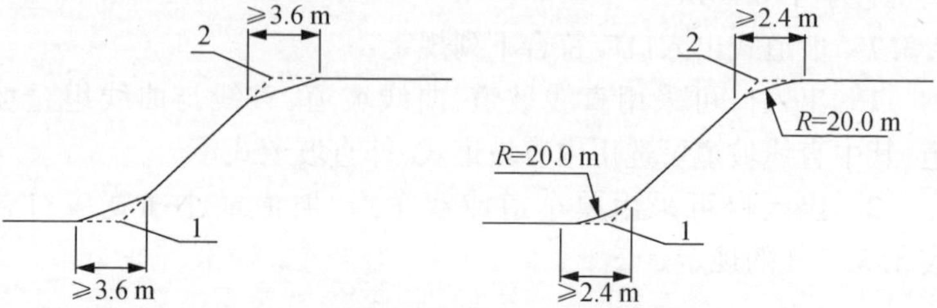

（a）直线缓坡　　（b）曲线缓坡

1—坡道起点；2—坡道止点

图 4.3.7　缓坡示意

4.3.8　升降梯式出入口应符合下列规定：

1　当停车位数量小于 50 个的机动车库设置机动车坡道有困难时，可采用升降梯作为机动车库出入口，升降梯可采用汽车专用升降机等提升设备，升降梯的数量不应少于 2 台（停车位数量少于 25 个的可设 1 台），并应完善交通信号和安全设施，设置不少于 2 个等候停车位。

2　机动车出口和入口宜分开设置。

3　升降梯宜采用通过式双向门。

4.4　机动车停车库（场）交通设计

4.4.1　停车库（场）内部通道的宽度应符合下列规定：

1　供微型车、小型车双向行驶的通道宽度不应小于 5.5 m，单向行驶的通道宽度不应小于 3.0 m。

2　供轻型车、中型车和大型车双向行驶的通道宽度不应小于 6.5 m，单向行驶的通道宽度不应小于 3.5 m。

4.4.2　停车库（场）的停车方式，以占地面积小、疏散方便、保证安全为原则，主要停车方式有平行式、斜列式和垂直式三种，各类客车停车位的主要设计尺寸应符合表 4.4.2 和图 4.4.2 的规定。

表 4.4.2　客车停车位设计参数

设计参数			垂直通道停车带宽 W_e(m)					平行通道停车带长 L_t(m)					通道宽 W_d(m)				
车型分类			微型车	小型车	轻型车	中型车	大型车	微型车	小型车	轻型车	中型车	大型车	微型车	小型车	轻型车	中型车	大型车
平行式		后退停车	2.2	2.4	3.1	3.5	3.5	5.0	6.0	8.2	11.4	14.4	3.0	3.8	4.1	4.5	5.0
斜列式	30°	前进停车	4.3	5.3	7.7	9.5	12.5	2.2	2.4	3.1	3.5	3.5	3.0	3.8	4.1	4.5	5.0
	45°	前进停车	4.3	5.3	7.7	9.5	12.5	2.2	2.4	3.1	3.5	3.5	3.0	3.8	4.6	5.6	8.0
	60°	前进停车	4.3	5.3	7.7	9.5	12.5	2.2	2.4	3.1	3.5	3.5	4.0	4.5	7.0	8.5	12.0
	60°	后退停车	4.3	5.3	7.7	9.5	12.5	2.2	2.4	3.1	3.5	3.5	3.6	4.2	5.5	6.3	8.2
垂直式		前进停车	4.3	5.3	7.7	9.5	12.5	2.2	2.4	3.1	3.5	3.5	7.0	9.0	13.5	15.0	19.0
		后退停车	4.3	5.3	7.7	9.5	12.5	2.2	2.4	3.1	3.5	3.5	4.5	5.5	8.0	9.0	11.0

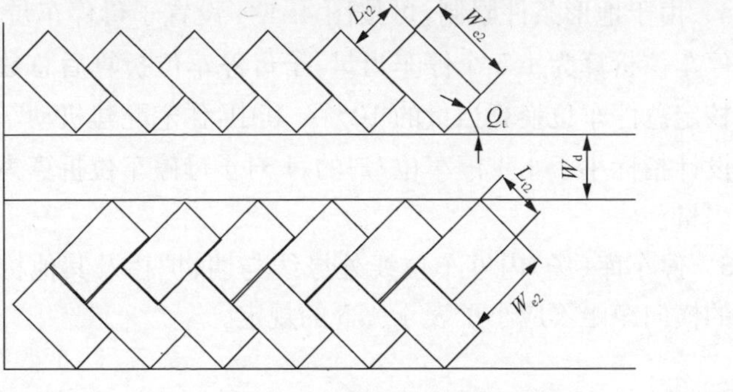

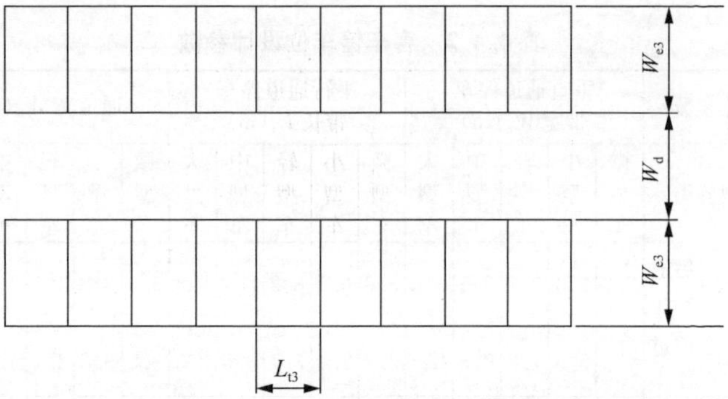

W_{e1}—平行式停车，垂直通道的停车位尺寸；L_{t1}—平行式停车，平行通道的停车位尺寸；W_{e2}—斜列式停车，垂直通道的停车位尺寸；L_{t2}—斜列式停车，平行通道的停车位尺寸；W_{e3}—垂直式停车，垂直通道的停车位尺寸；L_{t3}—垂直式停车，平行通道的停车位尺寸；W_d—通道宽；Q_t—停车位倾斜角度

图 4.4.2 机动车停车方式

4.4.3 机动车停车库(场)的停车位设置宜满足下列规定：

1 停车位设置不应影响人防门的平时维护管理及战时使用，不宜影响入户通道、楼梯、电梯以及应急出入口的人行进出。

2 缺少回车空间的车行通道尽端处及尽端两侧空间不宜设置机动车停车位。

3 尽端式车行通道的两侧不宜设置平行式机动车停车位。

4.4.4 由于地形条件限制，可按图 4.4.4 设置子母停车位，1 对子母停车位折算为 1.5 个停车当量，子母停车位折算后总数不应大于核定总停车位换算当量的 10%。其中，住宅配建机动车停车位的设计指标小于 1.1 停车位/户的，1 对子母停车位折算为 1 个停车当量。

4.4.5 停车库(场)内停车位线外缘线与墙、护栏及其他构筑物之间的横向净距不应小于表 4.4.5 的规定。

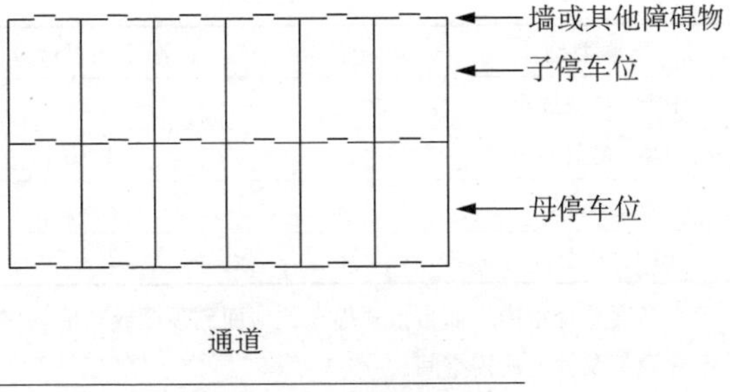

图 4.4.4　子母停车位

表 4.4.5　停车库(场)内停车位线外缘线与墙、护栏以及其他构筑物之间最小净距

项目	微型、小型车	轻型车	中型、大型车
停车位线外缘线与墙、护栏及其他构筑物之间的横向净距	0.3 m	0.4 m	0.5 m

注：1　当墙、护栏及其他构筑物有凸出物时，净距应从其凸出部分外缘算起。
　　2　由于柱与停车位相对位置不合理而影响机动车开门及驾乘人员下车时，应优化柱子与停车位的相对位置或将柱子按墙控制与停车位外缘线的横向净距，以满足使用要求。

4.4.6　停车库(场)内部主要通道的转弯半径(内径)不应小于表 4.4.6 的规定。

表 4.4.6　最小转弯半径(内径)

车辆类型	最小转弯半径(内径)(m)
大型车	10.0
中型车	7.0
轻型车	5.0
微型、小型车	3.0

注：主要通道的转弯半径(内径)的测量和计算可按照现行行业标准《车库建筑设计规范》JGJ 100 中第 4.1.4 条的相关规定执行。

4.4.7　停车库(场)的净空高度不应小于表 4.4.7 的规定。

表 4.4.7　停车库(场)的净空高度

车辆类型	净空高度(m)
中型、大型货车	4.20
中型、大型客车	3.70
轻型车	2.95
微型、小型车	2.20

注:1　净空高度是指室内平面自走式停车位地面到顶棚或其他构件底面的距离,不含设备及管道所需空间。

2　停放其他特殊车型的停车库净空高度按其外廓高度再增加 20.0 cm。

3　对于停车库(场)内由于管道、通风设施等造成局部停车位净空高度不能达到规定的,局部停车位净空高度可以降低 20.0 cm,涉及的停车位数量不应大于总停车位数量的 10%,且停车库(场)内部通道净空高度不应小于本表的规定。

4.4.8　无障碍停车位的设计应符合现行国家标准《无障碍设计规范》GB 50763 的相关规定和要求。无障碍停车位尺寸(含轮椅通道)应不小于 6.0 m×3.7 m,相邻两个无障碍停车位可共用 1 个轮椅通道。

4.4.9　货车装卸停车位的设计应符合下列规定:

1　设置装卸停车位一般不得占用内部环通道路,并应方便车辆进出和货物集散,周围应有一定的作业空间。

2　装卸停车位设计停放车型一般为轻型货车。

3　货车装卸停车位主要设计尺寸应符合表 4.4.9 的规定。

表 4.4.9　货车装卸停车位设计参数

设计参数			垂直通道停车带宽(m)			平行通道停车带长(m)			通道宽(m)		
车型分类			轻型车	中型车	大型车	轻型车	中型车	大型车	轻型车	中型车	大型车
平行式		后退停车	4.0	4.0	4.0	8.2	11.4	13.9	4.1	4.5	5.0
斜列式	30°	前进停车	8.0	9.5	12.0	4.0	4.0	4.0	4.1	4.5	5.0
	45°	前进停车	8.0	9.5	12.0	4.0	4.0	4.0	4.6	5.6	6.6
	60°	前进停车	8.0	9.5	12.0	4.0	4.0	4.0	7.0	8.5	10.0
	60°	后退停车	8.0	9.5	12.0	4.0	4.0	4.0	5.5	6.3	7.3

续表4.4.9

设计参数		垂直通道停车带宽(m)			平行通道停车带长(m)			通道宽(m)		
车型分类		轻型车	中型车	大型车	轻型车	中型车	大型车	轻型车	中型车	大型车
垂直式	前进停车	8.0	9.5	12.0	4.0	4.0	4.0	13.5	15.0	17.0
	后退停车	8.0	9.5	12.0	4.0	4.0	4.0	8.0	9.0	10.0

4.4.10 停车库(场)充电设施的布置不应妨碍其他车辆的充电和通行,同时应满足消防、民防和市政要求,不与其他设备设施相互占用和影响使用。

4.4.11 机械式停车库的设计应符合下列规定:

1 应满足机动车停车库、项目总平面布局的有关要求,并符合现行上海市工程建设规范《机械式停车库(场)设计规程》DG/TJ 08—60的有关规定;机械式停车设备的安装使用不应影响人防墙体的防护和密闭性。

2 新建商品住宅配建停车库(场)不宜设置机械式停车位,确实受建设条件限制必须设置机械式停车位的,应严格控制设置比例并不宜大于10%;新建其他建筑配建停车库(场)的机械式停车位数量不应大于停车位总数的60%;改建项目配建停车库(场)的机械式停车位数量不应大于停车位总数的80%。

3 体育场(馆)等大量人流、车流集中疏散的大型公共建筑不宜设置机械式停车位。

4 机械式停车位区域车行通道宽度的最小尺寸应根据车型倒车入库的需求计算,并不应小于5.8 m。

5 机械式停车位与人防门相邻的,机械式停车位或停车位固定装置的设置应保证相邻人防门开启角度大于等于90°,且人防门开启后不影响其正常使用。

6 不应设置简易升降类机械式停车位;为提高停车密度或建设条件受限的,可布置重列式升降横移类机械式停车位,其列数不应超过2列,且后排载车板应能自动纵移至前排;后悬臂式升降横移类机械式停车位不宜做重列式布置。

4.4.12 多个停车位相连组合时，每组长度宜控制在 36.0 m 以下，每组之间应留有供人员疏散用的间隔，间隔不小于 2.5 m。

4.4.13 医院建筑配建停车库（场）应为外来就医车辆设置预约车辆专用停车区，覆盖停车位数量比例不宜小于新建停车位总数的 50%。

4.5 非机动车停车库（场）交通设计

4.5.1 非机动车停车库应符合下列规定：

1 净高不应低于 2.0 m。

2 每辆自行车停放面积宜为 1.8 m^2。

3 出入口及坡道的设计应符合现行行业标准《车库建筑设计规范》JGJ 100 的规定。

4.5.2 公共建筑吸引的非机动车停车库（场）应在主体建筑用地范围内设置，宜设在主体建筑人流出入口旁，建筑后退红线部分的硬地或沿内部道路人行道外停放，其场地标高宜与人行道一致，不得占用市政道路。

4.5.3 内部工作人员的非机动车停车库（场）宜与外来非机动车停车库（场）分开设置。

4.5.4 非机动车停车采用停车架的，其停车面积按车架形式分别计算。

4.5.5 非机动车停车位宜分段设置，每段长度不宜大于 20.0 m。

4.6 基地交通设施设计

4.6.1 建筑工程交通设施设计应包括交通标志、交通标线、交通安全防护设施及交通服务设施等内容。

4.6.2 基地出入口处应设置减速设施和停车让行标志，如按交通组织禁止转向时，还应设置相应的禁行标志。

4.6.3 基地内应有明确的指路标识系统，内部主要通道上宜指明楼宇分布信息，楼宇应有醒目编号或名称标识。

4.6.4 车库出入口、消防通道、慢行通道端部等禁止停车处宜设置黄色网格线。

4.6.5 机动车停车库内的墙、柱宜采用防撞措施。

4.6.6 在基地和车库的内部通道弯道处，宜漆画黑黄警示线或设置反光柱，照明不良处宜设置反光诱导标志。

4.6.7 停车库(场)应按照现行上海市地方标准《停车场(库)标志设置规范》DB 31/T 485 的相关规定，规范设置各类标志。

4.6.8 停车库(场)宜采用智能化的管理方式，规范设置静态引导标志，配置动态诱导系统、电子收费系统等。

4.6.9 停车库(场)消防安全疏散出口与通道之间的区域，不应设置停车位。停车位和车行通道的设置应避免与消防、民防及其他公用设施设备在使用过程中相互影响。

4.6.10 停车库(场)收费岗亭、闸机等设施不宜设置在坡道中和弯道处。对于纵坡为 15%的坡道中和弯道处，严禁设置收费岗亭和闸机。

4.6.11 安装新能源汽车充电桩时，不应影响民防工程防护效能，不应影响人防墙体的防护和密闭性。

5 建筑工程配置停车位指标

5.1 一般规定

5.1.1 在核算建筑工程配建的机动车停车位指标时，以小型车停车位为计算当量，非机动车停车位指标以自行车停车位为计算当量，各类车辆停车位的换算当量系数应符合表 5.1.1 的规定；建筑工程配建的各类机动车停车位的换算当量(换算成小型车停车位后的数量)总和应达到本标准第 5.2 节中各类建筑配建机动车停车位指标要求。但在核定建筑配建机动车停车位总数时，以换算前的各类型停车位自然数累加计算。建设工程配建停车位应按地上及地下功能性建筑面积汇总计算，综合性建筑(含多种建筑类别及相应使用功能)的配建停车位指标应通过分别计算各类建筑功能配建停车位指标后汇总得到。

表 5.1.1 各类型车辆停车位的换算当量系数

停车位类型	机动车停车位					非机动车停车位		
	微型车	小型车	轻型车	中型车	大型车	自行车	三轮车	助动车
换算系数	0.7	1.0	1.5	2.0	2.5	1.0	2.5	1.4

5.1.2 停车库(场)设计小型车停车位数量应不少于核定总停车位换算当量的 90%。

5.1.3 宾馆、体育场馆、影(剧)院、展览馆、博物馆、会议中心、游览场所等公共建筑配建的大型客车停车位换算当量应不小于核定总停车位换算当量的 2%(按标准计算不足 1 个的，按 1 个设置)；其他公共建筑在技术条件相同时，也应按照上述规定设置大型客车停车位。

5.1.4 建筑工程配建无障碍停车位应按照现行国家标准《无障碍设计规范》GB 50763 中各类建筑的具体配建指标设置。1 个无障碍停车位按 1 个换算当量纳入总停车位换算当量。

5.1.5 建筑工程配建货车装卸停车位的数量应符合下列规定：

1 宾馆、商业、餐饮、娱乐场所按每 10 000 m^2 建筑面积设 1 个累进设置装卸停车位；当装卸停车位超过 3 个时，每增加 20 000 m^2 增设 1 个装卸停车位；大于 2 000 m^2 且小于 10 000 m^2 的，则按 1 个装卸停车位设置，小于等于 2 000 m^2 的，可不设装卸停车位。

2 办公及其他有货物装卸需求的公共建筑，可参照宾馆、商业、餐饮、娱乐场所等设置货车装卸停车位。

3 在核算建筑配建停车位设计数是否达到配建指标要求时，不计入货车装卸停车位数量；在核定建筑配建机动车停车位总数时，应同时计入货车装卸停车位数量。

5.1.6 建筑工程配建停车位安装充电设施应符合现行上海市工程建设规范《电动汽车充电基础设施建设技术规范》DG/TJ 08—2093 的要求。

5.1.7 建筑工程配建停车位指标的区域划分，应符合表 5.1.7 的规定。

表 5.1.7 建筑工程配建停车位指标区域划分标准

区域类别	区域范围	备注
一类区域	内环线内区域、市级副中心（真如、花木—龙阳、江湾—五角场）、世博会地区、徐汇滨江、前滩地区、后滩地区	结合 2035 年城市总体规划调整新增区域
二类区域	内外环间区域(除一类区域外)、主城区宝山片区、主城区闵行片区、川沙城市副中心、虹桥商务区、国际旅游度假区、五个新城中心	川沙城市副中心、虹桥商务区、国际旅游度假区、五个新城中心均位于外环外区域

续表5.1.7

区域类别	区域范围	备注
三类区域	外环外区域(含五个新城其他区域,除一类和二类区域外)	—

注:1 市级副中心、主城区、五个新城的边界范围由相应总体规划或控制性详细规划确定。

2 五个新城中心以及其他区域的边界范围由相应新城单元规划或控制性详细规划确定。

5.1.8 公共建筑配建机动车停车位指标可在符合以下条件的情况下适当折减:

1 位于轨道交通站点 300 m 服务范围内,建设条件特别受限的公共建筑,其配建客车停车位指标可适当降低,降幅宜在 20%以内。

2 综合性建筑包含办公在内两种以上主要功能,总建筑面积超过 50 000 m^2,且其非办公的次要功能(商业、餐饮、娱乐场所等)建筑面积占总建筑面积 20%以上的,其配建停车位数量可充分考虑共用停车位的设置,办公类配建客车停车位指标可适当降低,降幅宜在 20%以内,其余次要功能建筑仍按第 5.2 节中各类建筑配建机动车停车位指标要求执行,且不应与第 1 款规定叠加折减。

3 公共建筑容积率达到 5.0 以上(含 5.0)且周边公共交通条件良好的,其配建机动车停车位指标可适当降低,降低幅度不应大于表 5.1.8 的规定,并可在满足第 1 款规定的基础上叠加折减。

表 5.1.8 公共建筑不同容积率配建停车位指标最大降低幅度

区域	5.0≤容积率<6.0	6.0≤容积率<7.0	7.0≤容积率<8.0	容积率≥8.0
一类区域	20%	25%	30%	35%
二类区域	10%	15%	25%	30%
三类区域	5%	10%	20%	25%

5.2 停车位指标

5.2.1 宾馆应按现行国家标准《旅游饭店星级的划分与评定》GB/T 14308 进行星级划分，设计三星级以上(含三星级)宾馆为中高档宾馆、旅馆、酒店，设计三星级以下宾馆归为一般旅馆、招待所。宾馆停车位指标不应小于表 5.2.1 的规定。

表 5.2.1 宾馆停车位指标

类别	单位	机动车			非机动车	
		一类区域	二类区域	三类区域	内部	外部
中高档宾馆、旅馆、酒店	停车位/客房	0.5	0.6	0.6	0.75	—
一般旅馆、招待所	停车位/客房	0.3	0.4	0.4	0.75	0.25

5.2.2 餐饮、娱乐场所停车位指标不应小于表 5.2.2 的规定。

表 5.2.2 餐饮、娱乐场所停车位指标

单位	机动车			非机动车	
	一类区域	二类区域	三类区域	内部	外部
停车位/100 m^2 建筑面积	1.5	2.0	2.5	0.5	—

5.2.3 办公楼停车位指标应符合表 5.2.3 的规定。

表 5.2.3 办公楼停车位指标

单位	机动车				非机动车	
	一类区域		二类区域	三类区域	内部	外部
	下限	上限	下限	下限		
停车位/100 m^2 建筑面积	0.6	0.7	0.8	1.0	1.0	0.75

注：高校、研发基地等科研设计用房按照办公楼停车位指标执行。

5.2.4 商业场所停车位指标不应小于表 5.2.4 的规定。

表 5.2.4 商业场所停车位指标

类别	单位	机动车			非机动车	
		一类区域	二类区域	三类区域	内部	外部
零售商场	停车位/100 m^2 建筑面积	0.5	0.8	1.0	0.75	1.2
超级市场、批发市场	停车位/100 m^2 建筑面积	0.8	1.2	1.5	0.75	1.2

注：1 百货商场、零售型商店、便利店、菜场、单独设立的专卖店归为零售商场，总建筑面积小于 500 m^2 的小型商店、便利店可不配建停车位。
2 大卖场、超市等大规模、集中型商品交易场所归为超级市场。
3 对商业建筑面积无法标定的，按营业面积加 30%计。

5.2.5 体育场馆停车位指标不应小于表 5.2.5 的规定。

表 5.2.5 体育场馆的分类及停车位指标

类别		单位	机动车	非机动车	
				内部	外部
一类场馆：体育场座位数≥15 000、体育馆座位数≥4 000		停车位/100 座	3.5	*	17.5
二类场馆：体育场座位数<15 000、体育馆座位数<14 000		停车位/100 座	2.0	*	17.5
三类场馆	设置座位的娱乐性体育设施	停车位/100 座	10.0	*	14.0
	未设座位的娱乐性体育设施	停车位/100 m^2 建筑面积	1.0	*	1.2

注：带 * 表示内部非机动车停车位数量按职工总人数的 30%计算。

5.2.6 影(剧)院停车位指标不应小于表5.2.6的规定。

表5.2.6 影(剧)院停车位指标

单位	机动车			非机动车	
	一类区域	二类区域	三类区域	内部	外部
停车位/100 m^2 建筑面积	0.4	0.6	0.8	3.5	7.5

5.2.7 展览馆停车位指标不应小于表5.2.7的规定。

表5.2.7 展览馆停车位指标

单位	机动车			非机动车	
	一类区域	二类区域	三类区域	内部	外部
停车位/100 m^2 建筑面积	0.4	0.6	0.8	0.75	1.0

注:文化场馆(图书馆、博物馆、美术馆、科技馆、纪念馆等)、会展中心停车位按照展览馆停车位指标执行。

5.2.8 医院停车位指标不应小于表5.2.8的规定。

表5.2.8 医院停车位指标

类别	单位	机动车			非机动车	
		一类区域	二类区域	三类区域	内部	外部
综合性医院	停车位/100 m^2 建筑面积	1.0	1.2	1.5	0.7	1.0
社区卫生服务中心	停车位/100 m^2 建筑面积	0.5	0.6	0.8	0.3	0.5
疗养院	停车位/100 m^2 建筑面积	0.4	0.6	0.8	0.3	—

注:1 受建设条件限制,综合性医院改建类项目配建停车位指标可通过开展交通影响评价适当降低,降幅宜在20%以内。

2 按照现行医疗机构管理规定,设计二级、三级医院归为综合性医院,二级及三级专科医院宜按综合性医院停车位指标执行。

3 单独设立的门诊部、诊所、设计一级医院及专科医院按照社区卫生服务中心停车位指标执行。

4 颐养小镇、养老院、康复中心、日间照料中心等宜按疗养院停车位指标执行。

5.2.9 绿地、休憩广场等公益性游览场所及小型经营性游览场所停车位指标可按照表 5.2.9 的规定执行。

表 5.2.9 游览场所停车位指标

类别	单位	机动车	非机动车	
			内部	外部
一类区域	停车位/100 m^2 用地面积	0.2	*	0.3
二类区域	停车位/100 m^2 用地面积	0.3	*	0.2
三类区域	停车位/100 m^2 用地面积	0.5	*	0.2

注：1 城市公园、大型游乐场、旅游景区配建停车位指标应通过交通影响评价确定。

2 生态防护绿地、林地等可按实际需求配建停车位。

3 带 * 表示内部非机动车停车数按职工总人数的 30% 计算。

5.2.10 住宅停车位指标不应小于表 5.2.10 的规定。

表 5.2.10 住宅停车位指标

住宅类型	建筑面积类别	单位	配建指标		
			一类区域	二类区域	三类区域
商品房	平均每户建筑面积≥140 m^2	停车位/户	1.2	1.4	1.6
	90 m^2≤平均每户建筑面积<140 m^2	停车位/户	1.1	1.2	1.3
	平均每户建筑面积<90 m^2	停车位/户	1.0	1.0	1.0
动迁安置房、自持性租赁房	平均每户建筑面积≥140 m^2	停车位/户	1.2	1.4	1.6
	90 m^2≤平均每户建筑面积<140 m^2	停车位/户	1.1	1.2	1.3
	75 m^2≤平均每户建筑面积<90 m^2	停车位/户	1.0	1.0	1.0
	50 m^2≤平均每户建筑面积<75 m^2	停车位/户	0.6	0.7	0.8

续表5.2.10

住宅类型	建筑面积类别	单位	配建指标		
			一类区域	二类区域	三类区域
动迁安置房、自持性租赁房	30 m^2≤平均每户建筑面积<50 m^2	停车位/户	0.3	0.4	0.5
	平均每户建筑面积<30 m^2	停车位/户	0.15	0.2	0.25
共有产权保障住房(经济适用房)		停车位/户	0.6	0.7	0.8
公共租赁住房(成套小户型住宅)		停车位/户	0.3	0.4	0.5
农民相对集中居住住宅		停车位/户	1.0		

注:1 新建住宅含多种类型时,总体配建停车位指标为分别按各类型住宅对应指标计算停车位数量后累加。

2 对于平均每户建筑面积≥140 m^2 的商品房,当户均面积超过 140 m^2 后,超过面积按 1.0 停车位/100 m^2 折算停车位后累加计算停车位指标。

3 公共租赁住房(成套单人型宿舍)、廉租房配建停车位指标按照公共租赁住房(成套小户型住宅)配建停车位指标的 50%执行。

4 农民相对集中居住住宅机动车停车方式可在不影响车辆通行的前提下设置路边停车,或按需采用庭院停车和集中停车相结合的方式设置。

5 住宅非机动车应满足现行上海市工程建设规范《城市居住区和居住区公共服务设施设置标准》DG/TJ 08—55 的规定,居住区公共配套建筑非机动停车位应满足现行国家标准《城市居住区规划设计标准》GB 50180 的规定。

6 物业、居委会等配套用房可按照办公停车位指标执行。

5.2.11 交通枢纽(长途汽车客运站、客运码头、火车站)、轨道交通车站、客运机场、公交枢纽及越江桥隧配置停车位指标应按照行业专项规划、技术规范相关规定执行。

5.2.12 教育类设施宜配置地下停车库,高等院校配建停车位指标应通过分别计算各类建筑功能配建停车位指标后累加得到;中、小学校及幼儿园宜按不少于教职工编制数的 50%配建停车位,并宜结合学校围墙后退红线空间划定主要针对接送学生高峰时段的临时停车区,临时停车位数量不计入建筑配建机动车停车位总数,停车位数量不宜小于表 5.2.12 的规定。

表 5.2.12　中、小学和幼儿园设置接送临时停车位标准

项目		一类区域	二类区域	三类区域
中学	停车位/100 名学生	1.0	1.2	1.5
小学	停车位/100 名学生	1.5	1.5	1.8
幼儿园	停车位/100 名学生	1.5	1.5	2.0

5.2.13　工业建筑、物流仓储建筑宜结合内部工作岗位设置情况配建停车位，停车位数量可按表 5.2.13 的规定执行。其中，明确分类使用功能及其经济技术指标的，应按照相应功能对应的配建停车位指标分别计算。

表 5.2.13　工业建筑、物流仓储建筑配建停车位指标

类别	单位	二类区域	三类区域
研发办公	停车位/100 m^2 建筑面积	0.8	1.0
生产厂房、物流仓储	停车位/100 m^2 建筑面积	0.2	0.3

附录A　总平面交通设计示意图

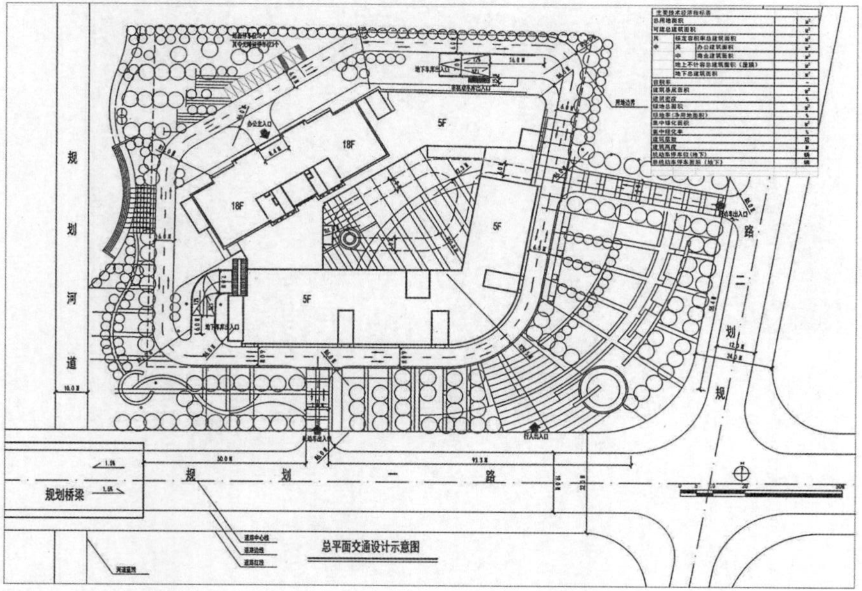

附录 B　区域划分标准示意图

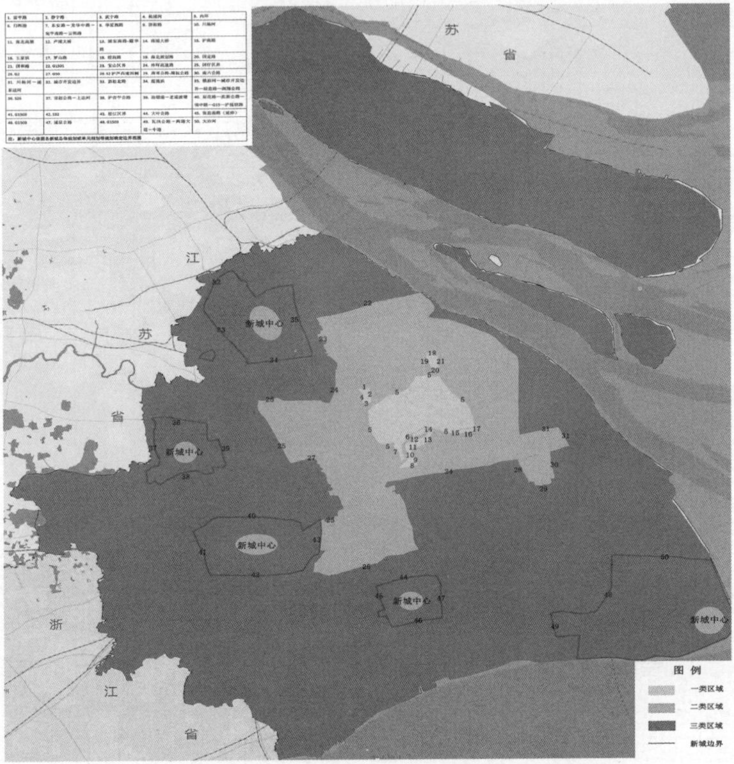

本标准用词说明

1 为便于在执行本标准条文区别对待，对要求严格程度不同的用词，说明如下：

1） 表示很严格，非这样做不可的用词：
正面词采用“必须”；
反面词采用“严禁”。

2） 表示很严格，在正常情况下均应这样做的用词：
正面词采用“应”；
反面词采用“不应”或“不得”。

3） 表示允许稍有选择，在条件许可时，首先应这样做的用词：
正面词采用“宜”；
反面词采用“不宜”。

4） 表示有选择，在一定条件下可以这样做的用词，采用“可”。

2 条文中指定按其他有关标准、规范执行时，写法为“应符合……规定”或“应按……执行”。

引用标准名录

1 《城市居住区规划设计标准》GB 5018
2 《道路交通标志和标线》GB 5768
3 《建筑设计防火规范》GB 50016
4 《工业企业总平面设计规范》GB 50187
5 《无障碍设施设计标准》GB 50763
6 《旅游饭店星级的划分与评定》GB/T 14308
7 《车库建筑设计规范》JGJ 100
8 《城市居住区和居住区公共服务设施设置标准》DG/TJ 08—55
9 《机械式停车库(场)设计规程》DG/TJ 08—60
10 《电动汽车充电基础设施建设技术规范》DG/TJ 08—2093
11 《出租汽车站点设置规范》DG/TJ 08—2108
12 《停车场(库)标志设置规范》DB 31/T 485

上海市工程建设规范

建筑工程交通设计及停车库(场)设置标准

DG/TJ 08—7—2021
J 10716—2021

条 文 说 明

2021 上海

目　次

Contents

1 总 则

1.0.1 调整原条文表述。本条主要阐述了制定本标准的目的和意义，将“为引导城市交通发展需求”调整为“为引导城市交通发展”。

1.0.2 调整原条文表述。由于各类改建工程的建设条件不一，难以严格参照本标准执行，可通过交通影响评价确定合理的停车位指标。同时，条文新增了工业建筑的标准厂房和普通仓库工程的配建标准，公路工程有其相应的标准，本标准不对其作重复规定。

1.0.3 新增条文。因历史风貌保护、旧住房更新需要，大多建设条件受限，难以严格参照本标准执行，有关交通配套无法达到标准和规范的建筑工程，应开展交通影响评价，合理确定配建机动车停车位和非机动车停车位的设置规模。

2 术 语

2.0.1 本次修编对公共通道的定义进行了更新。公共通道是城市路网系统的有机组成部分;增设公共通道是补充路网功能、提升全路网密度、提高交通可达性的有效手段,也是控制街坊尺度,推行“小街区、密路网”的重要路径;公共通道与市政道路的最本质区别是没有规划道路红线控制,规划阶段主要以控制性详细规划图则进行管控;公共通道的形式主要有人车均可通行的公共通道、慢行专用公共通道和纯步行的公共通道,除特别约定外,一般的规划公共通道人车均可通行。

2.0.2 调整原条文表述。调整原“通道”定义为“基地通道”,对原来仅限于停车场(库)内部通行的通道概念进行了扩展,指所有供行人或车辆行驶以及车辆进、出停车位的库(场)内的道路均统称为基地通道。

2.0.3~2.0.5 原术语中的“小区路”“组团路”“宅间小路”等均来自于原城市居住区相关规划设计标准,但随着居住区相关规划设计标准的修编,不论是现行国家标准《城市居住区规划设计标准》GB 50180 还是现行上海市工程建设规范《城市居住地区和居住区公共服务设施设置标准》DG/TJ 08—55,均不再出现“小区路”“组团路”“宅间小路”等相关术语。在建筑工程交通设计中,住宅建筑的总平面设计也较少使用此类术语。考虑到住宅建筑和非住宅建筑基地内部都需要不同的道路分级系统,采用基地主要通道、基地次要通道等概念更容易理解。目前,在建筑设计中禁止机动车通行的慢行通道概念也不断被使用,基地内绿道、跑步道等纯步行通道也在大量的建设中。因此,本次修编取消仅针对居住区的“小区路”“组团路”“宅间小路”等术语,新增对居住区和非居住区均适用的“基地主要通道”“基地次要通道”“基地慢行通道”等术语。

2.0.6 调整原条文表述。明确接入道含公共通道，指连接基地内部通道与道路(含公共通道)之间的通道，公共通道不属于基地内部通道，是对外开放共享的道路。

2.0.9 新增条文。明确停车位的具体定义，原标准中未明确停车位的术语定义，本次新增明确为车辆本身的尺寸加上四周所需的距离组成。

2.0.10 新增条文。明确停车当量定义，便于统计与计算停车数量、停车位大小等数据而设定的标准参考车型单元。

2.0.12 调整原条文表述。子母停车位是由前后两个停车位组成，前方停车位影响后方停车位的进出，仅当前方停车位的车辆驶出后，后方停车位的车辆才能驶出的停车位形式称为子母停车位。

3 基本规定

3.0.1 调整原条文表述。将“公共建筑、住宅配建”调整为“建筑工程”，覆盖工业、仓储等建筑。跨地块进行配建停车位统筹平衡需要相关的管理措施和引导措施配合，实际操作下来，效果不佳。本次修编明确配建停车位原则上应在用地范围内设置，尽可能避免出现在异地平衡建筑配建停车位的情况。

3.0.2 调整原条文表述。将“公共建筑、住宅配建”调整为“建筑工程”，覆盖工业、物流等建筑。

3.0.3 调整原条文表述。将“总平面设计方案中应明确机动车、非机动车及行人的交通组织，保障交通流线的顺畅，避免人车的冲突”整合至本标准第 4.1.11 条。上海市地方标准《道路交通管理设施设置技术规程》DBJ 08—39 已过期废止，故调整为《停车场(库)标志设置规范》DB 31/T 485。

3.0.4 结合现行行业标准《车库建筑设计规范》JGJ 100 的相关规定，调整设计车型外廓标准尺寸。

3.0.5 调整原条文表述。基地内车速限制是保障基地内部慢行人群交通安全的重要措施，小区内限速在缺少相关规定支撑的前提下，本标准提出新增利用“采用工程措施限制车速，并设置限速标志”限制基地内车速，保障基地内部安全。

4　建筑工程交通设计

4.1　基地总平面布局

4.1.1　为创造宜人的景观环境和基于交通安全考虑，建筑总平面设计采用人车分离系统越来越普遍，车辆进入基地后快速进入地下车库，对基地内部设置车辆环通道路的需求有所降低；随着规划小街区、密路网的推进，部分建筑在实际使用过程中并无回转场地的设置需求和设置条件，因此，本次修编对建筑总平面在基地内设置车辆环通道路或回转场地的要求有所降低，由“应”调整为“宜”。

4.1.2　根据实际使用情况、基地内道路系统的调整和消防要求，对住宅建筑基地内部的主要通道和次要通道宽度作出相应规定。住宅内部主要通道宽度在 6.5 m 的条件下，可满足双向通行需求，而设置为 7.0 m 的条件下，路边停车的现象较为普遍。因此，本次修编将住宅主要通道宽度调整为不宜小于 6.5 m；同时，取消原标准对不同停车数量通道宽度的要求，调整公共建筑基地内部供小型车通行的主要通道宽度不宜小于 6.5 m，次要通道不应小于 5.5 m；针对有特殊需求的工业建筑，明确结合建筑方案开展交通组织设计。

4.1.3　新增条文。医院、学校的临时上下客需求较大，目前已经成为普遍存在的停车难痛点和道路堵点。本次修编，在建筑交通设计中同步优化建筑总平面，增加临时上下客停车位的设置要求。

4.1.4　调整原条文表述。将原标准第 4.1.6 条中出租汽车泊位设置要求整合至本条。

4.1.5 调整原条文表述。设置大客车停车位已包含划设相关停车位线和标志，故删除“划设相关停车位线、标志”，不重复叙述。

4.1.6 调整原条文表述。为进一步规范无障碍停车位配建数量计算，明确无障碍停车位数量以核定总停车位换算当量为计算基准。

4.1.8 调整原条文表述。将原条文中“必须设置排队车道”调整为“应设置排队车道”，加油站排队车道“不得少于2条”调整为“不少于2根”，排队车道长度“必须大于18 m”调整为“应大于18 m”。

4.1.9 调整原条文表述。集散广场主要用于行人疏散，因此明确宾馆、酒店等公共建筑的主要人行出入口前宜留有集散广场；针对学校上、放学高峰时段，家长使用非机动车以及步行接送学生的需求较为集中的现象，新增学校结合人行主出入口，在基地红线内设置空间合理的人行接送广场和非机动车停放区域，以保障学生安全，并减少对学校周边道路通行秩序的影响。

4.1.10 调整原条文表述。明确机动车与非机动车出入口净距不应小于5.0 m的要求。从保障行车安全的角度出发，新增在同一车库内设置机动车与非机动车停车区，二者间应有良好的行车视距的要求。

4.1.11 调整原条文表述。将原条文“慢行交通”调整为“非机动车和行人交通”；新增总平面图中标注桥梁起坡点位置以及至出入口间距，简化桥梁至出入口间距的核验。

4.2 基地出入口

4.2.1 考虑到本市道路不仅仅由城市道路组成，还包含公路等其他类型，因此调整“城市道路”为“道路”；调整基地位于次干路和支路相交的位置旁时“机动车的出入口”为“机动车主出入口”。

4.2.3 根据公共通道特有的公共、对外开放的功能属性，删除原条文“公共通道实为基地在道路出入口”的表述；考虑到公共通道的道路等级较低，通行机动车的公共通道应避免与主干路直接相接，避免对主干路交通带来干扰。但由于各种条件的限制，确实有公共通道需要与主干路直接相接的，应专题论证。

4.2.4 基地出入口距交叉口的距离指从基地出入口通道缘石边线(近交叉口侧)到交叉口转角缘石曲线的端点。具体如图 1 所示。

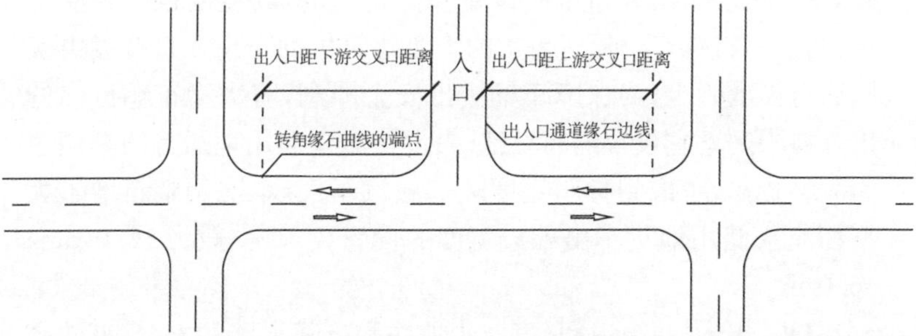

图 1　出入口与交叉口距离示意

交叉口的功能性区域包括交叉口的上游和下游地区，指驾驶员开始接受交叉口指示信息，做出驾驶决策并进行减速、变道、转弯等一系列行为的区域。其区域范围的大小首先跟交叉口的复杂程度有关，有展宽、转向车道特殊设计以及公交车专用道的交叉口功能区域的长度要更长；另外，交叉口进口道的功能区域长度要比出口道长度更长。

4.2.5 调整原条文表述。原条文中的“偏移”在实际操作过程中存在理解歧义，本次调整为“平移”。

4.2.6 调整原条文表述。将基地机动车出入口距地铁出入口、人行横道线、人行过街天桥和人行地道不宜小于“30 m”调整为“20.0 m”；原条文中“公交站边缘”在实际操作过程中存在理解歧义，本次调整明确基地机动车出入口距公交站台边缘的距离不小于15 m，同时，考虑到基地机动车出入口开口条件不允许的情况，新增到基地出入口条件不满足15.0 m的距离要求时，可与公交站台做一体化设计。

4.2.7 调整原条文表述。为保证行人过街的便捷性与安全性，新增行人出入口宜结合人行横道线布设。

4.2.8 调整原条文表述。公共通道纳入道路系统，同侧和异侧机动车出入口之间的最小净距增加了公共通道的约束条件，新增同侧和异侧的最小净距为10 m。

4.2.9 机动车出入口中间设置隔离设施的，其宽度也应相应增加；明确有特殊车辆通行需求的工业建筑机动车出入口宽度由实际通行需求确定；为保障车辆进出安全顺利，有大型车辆进出的出入口中间不宜设置隔离设施；大型物流仓储用地通行的车辆多为大型货车，考虑到货车宽度较一般汽车大，本次调整新增了大型物流仓储用地货车出入口宽度的设置要求，一般为12.0 m～16.0 m。

4.2.11 出入口接入道长度对于地块和毗邻道路的安全、高效交通组织十分重要。出入口接入道需要有足够的长度，以保证车辆的驶入、驶出有充足的准备空间，以做出驶入道路或者内部道路的驾驶行为，长度不足的接入道会形成复杂的交通冲突，考虑到部分出入口在车辆驶入后即变为与道路平行的设计，调整原道闸与路缘石间的距离为行驶距离。

4.2.13 为规范加减速车道设计，本次调整新增了加减速车道宽度不应小于3.0 m的要求。

4.2.15 根据目前基地机动车停车位数量的大幅度提高，停车位数量相应调整，由原条文的100个提高至300个，原条文的300个提高至700个。相应机动车出入口的数量和计算方法保持不变。

4.2.16 为保证学生接送安全，部分新建学校利用地下空间增设家长接送区域。为保障学校内部师生安全，新增学校利用地下空间设置机动车停车位和临时接送停车位的，宜单独设置机动车出入口的要求。

4.2.17 基于医院停车难的普遍现象，通过预约车辆专用或优先通道可以引导医院就医人群的出行习惯，避免车辆在出入口排队影响道路交通运行。

4.3 机动车停车库(场)出入口

4.3.1 新增条文。结合现行行业标准《车库建筑设计规范》JGJ 100 的相关规定。目前机动车出入库有多种类型，本节以入库方式为划分标准，明确三类停车库出入口形式。平入式是本规范新增的一种类型，主要指机动车由室外场地直接进入停车空间的一种形式；坡道式是由通过坡道联系地下空间或上层空间的一种形式；升降梯式是指通过升降梯进行室内外车辆交通联系的一种形式。

4.3.2 调整原条文表述。明确出入口设置于机动车行驶道路；从保障行车安全的角度出发，明确出入口必须设置于交叉口时，出口宜设置于交叉口出口道的要求。

4.3.3 为避免基地内部车库出入口设置距离过近导致交通组织混乱和交通安全问题，本条结合现行行业标准《车库建筑设计规范》JGJ 100 的相关规定进行了修改，增加基地内配建的停车库(场)出入口最小间距要求。

4.3.4 将“城市道路”调整为“道路”，涵盖本市所有道路类型；沿用原条文对机动车停车库出入口起坡点的要求。

4.3.5 调整车库出入口及坡道数设置标准。随着车牌识别系统的大量运用，车库出入口通行效率提升，并结合现行行业标准《车库建筑设计规范》JGJ 100 的有关规定，引入车库出入口车道数概念，明确车库出入口和车道数的对应要求，对机动车车库出入口的设置要求适度放宽。对于停车位数量大于 1 000 个的情形，规范要求进行交通服务水平评价工作。

根据对现场车库的调查，车牌识别通过闸机时间平均为

10 s，高峰时刻理论通行能力达到了 360 辆/h，且车库规模中停车位数量划分同国家标准不一致。随着不停车收费等技术的推进，闸机及出入口服务水平快速上升。停车库出入口数由通行能力决定，其中停车场出入口通道通行能力分为闸机通行能力和坡段通行能力两方面，最终的能力取决于其中的低者。

根据对上海市多个停车场出入口闸机的通行能力进行实地调查分析。

闸机服务能力计算：参考高速公路收费站收费闸机的通行能力计算公式。

$$C_b = \frac{3\,600}{T_s + T_G} \tag{1}$$

式中：C_b—— 收费闸机的通行能力(pcu/h)；

T_s—— 平均服务时间(s)；

T_G—— 平均离开时间(s)。

坡道通行能力计算：参考道路路段通行能力计算方法，进出口坡段通行能力计算公式：

$$C_b = \frac{3\,600}{T_{min}} \tag{2}$$

式中：C_b—— 坡道通行能力(pcu/h)；

T_{min}—— 达到饱和流的最小平均车头时距(s)。

根据停车场库调查和相关数据模拟，坡道通行能力同其最小平均车头时距相关。其中，最小平均车头时距同坡道坡度、坡道形式(直线坡、曲线坡)、转弯半径等关系较大，如表 1 所示。

表 1　坡道通行能力

坡道类型	坡度	最小平均车头时距(s)	坡道通行能力(pcu/h)
直线坡度	15%	6.5	554
曲线坡度	12%	7.4	486

因此，出入口通行能力一般由出口闸机的服务能力确定，实行完全人工收费闸机的通行能力最低为 90 pcu/h，车牌识别收费(提前缴费)的闸机通行能力最高可达到 500 pcu/h。

4.3.6 新增条文。平入式机动车库是较为常见的机动车库类型，故本次修编引用现行行业标准《车库建筑设计规范》JGJ 100 的相关条文。

4.3.7 新增条文。按照现行行业标准《车库建筑设计规范》JGJ 100 的相关规定明确坡道式出入口的设置要求，结合实际项目分析，根据实际行驶的车辆一般宽度约 2.0 m，经实际踏勘，从安全角度考虑，本市项目直线单行宽度一般最小值为 4.0 m，直线双行为 7.0 m，曲线单行为 5.0 m，曲线双行微型、小型车需要宽度为 7.5 m，轻型、中型、大型车需要宽度为 10.0 m。

4.3.8 升降梯机动车库有多层、高层和地上、地下之分。本标准从安全防护角度考虑，提出在小型车库受建设条件限制时可采用升降梯式出入口，并应设置不少于 2 个等候停车位，出口和入口宜分开设置等要求。同时，补充了“停车位数量少于 25 个的可设 1 台”的设置要求。

4.4 机动车停车库(场)交通设计

4.4.1 调整原条文表述。坡道宽度在本标准第 4.3.7 条中进行了规定，故删除原条文中“弯道处，当转弯半径(内径)小于 15.0 m 时，双向行驶的通道宽度，坡道弯道处不应小于 7.5 m，平面弯道处不应小于 7.0 m，单向行驶的不应小于 4.0 m”。经实地项目踏勘，地下车库 5.5 m 通道可满足车库微型、小型车内部错车要求，6.5 m 可满足轻型、中型和大型车双向行驶的要求。

4.4.2 调整原条文表述。根据上海市停车库(场)设计案例经验总结，删除原条文中“也可采用其他停车方式，但必须保证 1 次进出停车位的要求”的表述。调整停车位尺寸设置要求。调整斜列式停车位尺寸的长、宽测量方式。

4.4.3 新增条文。结合停车库(场)竣工验收及停车位实际使用的相关经验,补充机动车停车场(库)停车位设置的具体要求。

4.4.4 调整原条文表述。子母停车位通常需要成对使用,对于停车矛盾突出的小区,子母停车位比例过高会进一步加剧停车矛盾。为缓解居住小区停车矛盾,本次修编调整子母停车位的换算方式,配建标准在1.1停车位/户以下的,1对子母停车位按照1个换算当量计算,配建标准在1.1停车位/户以上的,1对子母停车位按照1.5个换算当量计算。

4.4.5 调整原条文表述。由于车辆位置在实际停车过程中属于非固定位置,本次条文修订为停车位线外缘线与墙、护栏及其他构筑物之间的横向净距,删除其他表述。

4.4.7 结合现行行业标准《车库建筑设计规范》JGJ 100的相关规定,调整原条文对"中、大型客车""轻型汽车"净空高度的要求,并明确净空高度指室内平面自走式停车位。

4.4.8 修订条文。上海市工程建设规范《无障碍设施设计标准》DGJ 08—103已废止,调整为国家标准《无障碍设计规范》GB 50763。

4.4.9 修订条文。增加了不同类型不同停放方式的货车装卸停车位设计参数。

4.4.10 新增条文。补充停车场(库)充电设施布置的具体要求。

4.4.11 调整原条文表述。对于机械式停车位的比例进行调整,原条文设置的机械式停车位比例上限过高,而机械式停车位的运行效率远远低于平面自走式停车位,导致运行过程中存在较大问题,出入口排队进入停车场的问题较为突出。参考外省市对机械式停车位设置比例的经验,本次修编下调机械式停车位比例值,以保障停车场运行效率。

4.4.13 新增条文。基于医院停车难的普遍现象,通过预约车辆专用或优先通道可以引导医院就医人群的出行习惯,本条补充医院设置预约停车的具体要求。

4.5 非机动车停车库(场)交通设计

4.5.1 调整原条文表述。修订的行业标准《车库建筑设计规范》JGJ 100 对非机动车库出入口数量、出入口净宽、坡度以及斜坡宽度等已作明确规定,本标准执行国家标准的相关要求,不再作重复规定。根据对非机动车的调查,电动车尺寸普遍在 2.0 m×0.8 m,本节规定非机动车的占地面积一般在 1.8 m^2,可满足非机动车大型化的趋势。

4.6 基地交通设施设计

4.6.1~4.6.10 沿用原标准对基地交通设施设计的相关规定。

4.6.11 新增条文。补充安装新能源汽车充电桩的相关要求。

5 建筑工程配置停车位指标

5.1 一般规定

5.1.1 进一步明确面积计算要求，同时明确综合类建筑停车位指标计算方式。综合性建筑（含多种建筑类别及相应使用功能）的配建停车位指标应通过分别计算各类建筑功能配建停车位指标后累加得到。

5.1.4 上海市工程建设规范《无障碍设施设计标准》DGJ 08—103 已废止，调整为国家标准《无障碍设计规范》GB 50763。

5.1.5 调整装卸停车位的配建指标。现状一些建筑除商场、餐饮、娱乐、宾馆类之外，办公类建筑和批发市场等建筑均有装卸车的需求。根据对几类建筑的装卸车需求和车型进行问询调查情况来看，各建筑类型的装卸车型主要是中型客车和面包车。商场类建筑装卸停车位在地下，有专门的卸货区。办公类建筑对装卸车也有一定的需求，即单位搬迁、装修维修、送水、送货、垃圾处理等需求。结合周边城市经验和实际工作中装卸停车位的利用率相对较低的现实情况，本次修编对装卸停车位的配建指标适度调低。

5.1.6 新增条文。增加建筑工程配建停车充电设施的相关要求。

5.1.7 由于不同区域的开发强度与交通供应水平不同，其停车特点和停车需求不同。根据《上海市城市总体规划（2017—2035 年）》的表述，调整原条文中一类区域、二类区域和三类区域的区域划分，与总体规划保持一致。

一类区域包括内环线内区域、真如市级副中心（东至规划静宁路，西至桃浦河，南至武宁路，北至上海西站北侧富平路和规划边界）、花木（东至民生路，西至张家浜，南至锦绣路，北至杨高中路）—龙阳市级副中心（西至沪南路，东至罗山路高架，南至王家浜，北至龙阳路）、江湾—五角场市级副中心（北至殷高路；东至民京路、国京路、政立路、国和路一线；西至国定路、政立路、南北向规划道路；南至国定路、国和路）、世博会地区（浦东：东北起南浦大桥、西至黄浦江后滩地区，西北起黄浦江、东南至浦东南路—耀华路；浦西：东北起南浦大桥、西至卢浦大桥，东南起黄浦江、北至中山南路）、徐汇滨江（北至日晖港—日晖东路—内环高架，西至东安路—龙华中路—宛平南路—云锦路，南至黄浦江，东至黄浦江）、前滩地区（黄浦江东、川杨河以南、济阳路以西、华夏西路以北）、后滩地区（东至济阳路—南北高架路，西至黄浦江，南至耀华路—济阳路—川杨河，北至浦东南路—耀华路）。

二类区域包括内外环间区域（除一类区域范围）、主城区宝山片区（G1501 以南行政区范围内）、主城区闵行片区（沪青平公路以南、外环线、黄浦江以西部分）、川沙城市副中心（东至浦东运河，南至迎宾高速，西至外环高速，北至川杨河）、虹桥商务区（东至 S20 外环高速，南至 G50 沪渝高速，西至 G15 沈海高速，北至 G2 京沪高速—闵行区界）、国际旅游度假区（北至 S1 公路，东至南六公路，南至周邓公路及周祝公路（S2—唐黄路之间段），西至 S2 公路红线以西约 1 公里）、嘉定新城中心（由相应新城单元规划或控制性详细规划确定）、松江新城中心（由相应新城单元规划或控制性详细规划确定）、奉贤新城中心（由相应新城单元规划或控制性详细规划确定）、青浦新城中心（由相应新城单元规划或控制性详细规划确定）、南汇新城中心（由相应新城单元规划或控制性详细规划确定）。

三类区域为除一类区域和二类区域以外的区域。

5.1.8 调整原条文表述。新增综合性建筑、容积率较高建筑折减系数的规定。

随着城市的不断发展，综合体建筑逐渐增多，同一建筑内不同建筑业态的停车位使用时段存在一定差异，从资源节约和共享利用的角度出发，对综合体建筑以及高容积率公共建筑的停车位配建指标进行一定比例的折减。

5.2 停车位指标

5.2.1 借鉴类似城市的经验，宾馆在实际建设中存在对外开放的功能，例如饭店、商业等设施，本次修编提出，宾馆对外开放的经营面积需按照其建筑功能配建停车位指标，明确宾馆分类按照星级标准进行划分。

5.2.3 高校、研发基地等使用人员以及出行时间较为固定，与办公业态类似，本次修编明确高校、研发基地等科研用房参照办公配建标准执行。

5.2.5 根据上海市现状体育场馆实际建设情况调研，部分体育场馆不设置观众座位，但是使用过程中存在实际停车需求。本次修编，体育场馆停车位指标单位对于未设置座位的娱乐性体育设施指标由原标准的“停车位/每 100 座”调整为“停车位/100 m^2 建筑面积”。指标的计算方法如表 2 所示。

表 2 体育场馆修编指标的调查分析与计算

调查单位	洛克公园等
调查方法	问询法、连续观测法
计算方法	考虑现状停车率和停车需求增长率两个方面
调查参数	参数计算
高峰停车量 m 设施建筑面积 S	现状停车率 K_1 $K_1=\frac{m}{S}$

续表2

弹性系数 λ($\lambda=\frac{c_1v_0}{c_0v_1}$，$c_0,v_0,c_1,v_1$ 分别为 2014 年和 2019 年的非住宅类停车需求量和小客车保有量) 区域修正系数 ρ 小客车增长率 ω(考虑至 2030 年)	停车需求增长率 γ $\gamma=\lambda\rho\omega$
—	体育场馆停车位配建指标 K_2 $K_2=\gamma K_2$

5.2.8 参考外省市医院配建停车位指标，上海市现行指标略低于周边区域，结合国内外标准的划分经验及上海市现状与今后城市发展的趋势，本次修编进一步明确医院类建筑的划分标准，按照医疗机构的管理规定，设计二级、三级医院及二级、三级专科医院的就诊人群范围覆盖面较广，通过医院停车供需情况调查，医院停车需求矛盾非常突出，如表 3 所示。本次修编明确该类型医疗设施均属于综合性医院分类，同时针对 2014 年后建设项目中新出现业态，如颐养小镇、日间照料中心等项目明确建筑分类为疗养院类建筑，并针对医院停车矛盾突出现象以及结合停车普查数据，适当提高综合性医院、社区卫生服务中心机动车停车位配建标准。指标计算方法如表 4 所示。

表 3 现状医院停车平均吸引率与配建指标对比

区域划分	三级医院		二级医院		社区卫生服务中心	
	平均吸引率(辆/100 m^2)	现状配建标准(停车位/100 m^2 建筑面积)	平均吸引率(辆/100 m^2)	现状配建标准(停车位/100 m^2 建筑面积)	平均吸引率(辆/100 m^2)	现状配建标准(停车位/100 m^2 建筑面积)
一类区域	0.73	0.6	0.67	0.6	0.50	0.2
二类区域	1.15	0.8	1.32	0.8	0.85	0.3
三类区域	1.03	1.0	1.21	1.0	1.20	0.5

表 4　医院修编指标的调查分析与计算

调查单位	瑞金医院等
调查方法	问询法、连续观测法
计算方法	考虑现状停车率和停车需求增长率两个方面
调查参数	参数计算
高峰停车量 m 设施建筑面积 S	现状停车率 K_1 $K_1 = \frac{m}{S}$
弹性系数 λ($\lambda = \frac{c_1 v_0}{c_0 v_1}$, c_0, v_0, c_1, v_1 分别为 2014 年和 2019 年的非住宅类停车需求量和小客车保有量) 区域修正系数 ρ 小客车增长率 ω（考虑至 2030 年）	停车需求增长率 γ $\gamma = \lambda\rho\omega$
—	医院停车位配建指标 K_2 $K_2 = \gamma K_1$

5.2.9　按照区域划分，由原标准“中心城区、郊区（县）”的分类调整为“一类区域、二类区域、三类区域”，明确不同区域游览场所停车位指标的要求，如表 5 所示。游览场所建筑规模较小，但是人群聚集度高，建筑面积确定停车位规模与实际情况存在差异，本次修编调整为用地面积，并借鉴周边城市游览场所配置指标进行调整。同时，补充明确生态防护绿地、林地等可按实际需求配建停车位，指标计算方法如表 6 所示。

表 5　佘山旅游度假区停车供需情况

工作日		高峰日		高峰日与工作日停放需求比
车辆停放需求（辆）	供需比	车辆停放需求（辆）	供需比	
2 081	0.20	12 500	1.19	6.1

表 6　游览场所修编指标的调查分析与计算

调查单位	佘山旅游度假区等
调查方法	问询法、连续观测法
计算方法	考虑现状停车率和停车需求增长率两个方面
调查参数	参数计算
高峰停车量 m 设施建筑面积 S	现状停车率 K_1 $K_1=\frac{m}{S}$
弹性系数 λ（$\lambda=\frac{c_1v_0}{c_0v_1}$，$c_0,v_0,c_1,v_1$ 分别为 2014 年和 2019 年的非住宅类停车需求量和小客车保有量） 区域修正系数 ρ 小客车增长率 ω（考虑至 2030 年）	停车需求增长率 γ $\gamma=\lambda\rho\omega$
—	游览场所停车位配建指标 K_2 $K_2=\gamma K_1$

5.2.10　本次修编，考虑到自持性租赁住宅等新业态的出现，在原标准分类的基础上，将住宅类型分为商品房、动迁安置房、自持性租赁房、共有产权保障住房（经济适用房）、公共租赁住房（成套小户型住宅）、农民相对集中居住住宅等类别。其中商品房、动迁安置房沿用原标准的面积分类并进行细化，共有产权保障住房（经济适用房）、公共租赁住房（成套小户型住宅）按区域划分配建指标，同时补充农民相对集中居住住宅停车位指标。住宅配建停车位作为基本停车位，应在停车位供应上有所保障，商品住宅调整至一户一位，适当上调一类及二类区域经济适用房指标。新增住宅非机动车应满足现行上海市工程建设规范《上海市城市居住区和居住区公共服务设施设置标准》DG/TJ 08—55 的规定，居住区公共配套建筑非机动停车位应满足现行国家标准《城市居住区规划设计标准》GB 50180 的规定，物业、居委会等配套设施主要

功能为办公功能，因此本标准明确该类功能面积按照办公停车位指标进行配建。

5.2.11 调整原条文表述。交通枢纽按照行业相关规划、技术规范等设置。

5.2.12 为缓解学校等教育类设施的停车矛盾，新增教育类停车设施宜配置地下停车库的要求。同时，为解决教职员工的停车问题，明确中、小学校及幼儿园宜按不少于教职工编制数的50%配建停车位。

5.2.13 根据国内城市工业建筑、物流仓储建筑停车位配建指标对比，工业厂房发生的停车需求与工业类型相关性较为明显。本次修编，根据工业建筑、物流仓储建筑功能划分研发办公和生产厂房、物流仓储两类，结合工业建筑、物流仓储建筑停车现状调查和需求预测分析，并对比国内外城市配建指标，提出工业建筑、物流仓储建筑在二类区域和三类区域的停车位指标。